선사시대부터 현대사까지 흐름 꿰뚫기

초등 한국사 8

근현대 2 : 일제강점기

1차시 1905년 을사조약

2차시 1919년 3·1운동

3차시 1920년대 독립운동

4차시 1930~40년대 독립운동

공부한 달 :   년   월

〈8호 수업안내문 | 근현대 2 : 일제강점기〉

제목	학습목표	학습내용
1차시 1905년 을사조약	· 을사조약의 체결 배경과 그 내용을 이해한다. · 을사조약에 반대해 일어난 의병 운동과 애국 계몽 운동을 이해한다.	01 을사조약 체결(1905년) 02 을사조약 반대 운동 03 항일 의병 운동 04 애국 계몽 운동
2차시 1919년 3·1운동	· 1910년 한일 합병 후 일제의 무단통치와 토지 조사 사업에 대해 이해한다. · 3·1운동이 일어난 배경과 전개 과정을 이해한다.	01 한일 합병 조약(1910) 02 토지 조사 사업(1910) 03 대한독립만세, 3·1운동(1919) 04 유관순 열사(1902~1920)
3차시 1920년대 독립운동	· 대한민국 임시정부의 수립 배경과 그 활동을 이해한다. · 3·1운동 이후 국내외에서 벌어진 독립운동을 이해한다.	01 대한민국 임시정부 수립(1919) 02 봉오동 전투와 청산리 전투(1920) 03 일제강점기 우리 민족의 생활 04 국내 민족 실력 양성 운동
4차시 1930~40년대 독립운동	· 일제의 민족 말살 정책이 무엇인지 이해한다. · 1930~40년대 국내외에서 벌어진 독립운동을 이해한다.	01 일제의 민족 말살 정책 02 국내의 민족 문화 수호 운동 03 한인애국단-이봉창과 윤봉길 의거(1932) 04 한국광복군(1940)의 독립전쟁

이 달에 배우는 한국사 연표

1904	1905	1907	1908	1909	1910
러일전쟁	을사조약	헤이그특사 파견, 군대해산	대성학교 설립	안중근, 이토 히로부미 사살	한일합병조약

1919	1920	1923	1926
3·1운동, 대한민국 임시정부 수립	봉오동전투, 청산리대첩	물산장려운동	6·10만세운동

1932	1940	1941	1942	1945
이봉창, 윤봉길 의거	한국광복군 창설	태평양전쟁	조선어학회 사건	8·15광복

1 1905년 을사조약

학습목표

- 을사조약의 체결 배경과 그 내용을 이해한다.
- 을사조약에 반대해 일어난 의병 운동과 애국 계몽 운동을 이해한다.

학습내용

01 을사조약 체결(1905년)
02 을사조약 반대 운동
03 항일 의병 운동
04 애국 계몽 운동

공부하고 스스로 평가하기

○ 을사조약의 체결 배경과 그 내용에 대해 말할 수 있어요. ☆☆☆☆☆

○ 전국민이 을사조약 무효를 주장하며 벌인 다양한 운동에 대해 말할 수 있어요. ☆☆☆☆☆

○ 을사조약에 반대해 일어난 의병 운동과 안중근 의사에 대해 말할 수 있어요. ☆☆☆☆☆

○ 을사조약 이후에 일어난 애국 계몽 운동의 뜻과 활동에 대해 말할 수 있어요. ☆☆☆☆☆

1905년 일본의 강요로 대한제국은 외교권을 빼앗기는 을사조약을 억지로 맺었습니다. 을사조약의 체결 과정과 그 내용을 알아봅시다.

이토 히로부미, 을사조약 강제 체결

개항 이후 ㉠주변의 강대국들은 대한제국을 서로 차지하려고 싸웠다. 1894년에는 청나라와 일본이 싸우고, 1904년에는 러시아와 일본이 싸웠는데 모두 일본이 이겼다. 청나라와 러시아를 모두 물리친 일본은 이제 대한제국을 마음대로 주무르기 시작했다.

일본은 먼저 대한제국의 외교권을 빼앗는 일부터 시작했다. 이 일을 위해 일본은 이토 히로부미라는 일본의 유명한 정치가를 보냈다. 이토 히로부미는 고종 황제를 세 차례나 만나 조약에 도장을 찍으라고 강요했다. 고종 황제가 끝까지 버티자 이토 히로부미는 8명의 대신을 불러 조약을 강요했다. 8명의 대신 중 다섯 명이 찬성하

중명전(을사조약을 맺은 장소)

자(을사오적), 조약안이 통과되었다고 선언하고 외부대신 박제순의 도장을 빼앗아 조약 문서에 도장을 찍었다. 을사년(1905년)에 맺었다고 해서 을사조약이라 부른다.

을사오적

이토 히로부미

학부대신 이완용

군부대신 이근택

내부대신 이지용

외부대신 박제순

농상공부대신 권중현

을사조약의 내용

1. 일본 정부는 한국의 외교에 관한 모든 사무를 지휘 감독하고, 일본의 외교 대표자 및 영사는 외국에 있는 한국인을 보호한다.
2. 한국 정부는 일본 정부를 통하지 않고는 외국과 조약을 맺지 못한다.
3. 일본 정부는 외교에 관한 일을 관리하는 ㉡1명의 통감을 한국 황제 밑에 두는데, 언제든지 황제를 만날 권리가 있다.

을사조약 문서

1 다음 중 ㉠주변의 강대국에 포함되지 않는 나라는?

① 영국　　　② 중국　　　③ 일본　　　④ 러시아　　　⑤ 필리핀

2 ㉠과 ㉡에서 일어난 전쟁은 무엇인가요? 이 전쟁에서 누가 승리하였나요?

㉠

㉡

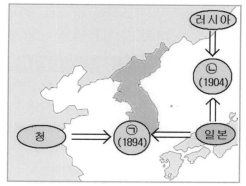

3 을사조약은 을사늑약이라고도 합니다. 왜 그렇게 부를까요?

 나라와 나라 사이의 조약은 누구의 허락이 있어야 할까?

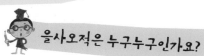 을사오적은 누구누구인가요?

| 늑약(勒굴레늑,강제늑 約맺을약) : 억지로 맺은 조약

4 다음 중 을사조약으로 일본에게 빼앗긴 것은?

① 사법권　　　② 입법권　　　③ 행정권　　　④ 외교권

5 일본은 ㉡처럼 외교에 관한 일을 담당하는 1명의 일본인 통감을 두었습니다.
누가 통감이 되었을까요?

우리 민족은 을사조약의 무효를 주장하며 다양한 방법으로 을사조약 반대 운동을 전개했습니다.

황성신문 - 장지연의 '시일야방성대곡'

을사조약이 체결되었다는 소식이 전해지자 전국이 발칵 뒤집혔다. 〈황성신문〉은 다음날 곧바로 을사조약이 강제로 맺어지기까지의 과정을 자세히 보도하고, 장지연은 '시일야방성대곡'을 신문에 실어 을사오적을 격렬하게 비난했다.

시일야 방성대곡(이 날을 목놓아 통곡하노라)

"오! 슬프도다. 개, 돼지만도 못한 우리 정부의 대신들이 자기 혼자 잘살고 부귀를 누리는 데 눈이 어두워 위협을 이기지 못하고 나라를 팔아먹은 도적이 되었으니, 4천 년 강토와 5백 년의 사직을 다른 나라에 갖다 바치고, 2천만 백성을 다른 나라의 노예로 만들었으니……원통하고 원통하다! 동포여! 동포여!

- 〈황성신문〉 1905.11.20 -

관리들과 유생 - 상소 운동과 자결

관리들과 유학자들은 을사조약 무효 상소를 올리고 죽음으로써 을사조약에 반대하였다. 당시 고종을 호위하는 임무를 맡고 있던 민영환은 유서를 남기고 자결하였다.

민영환의 유서

신하라는 자가 나라를 팔아 500년 조선이 위태하고 2000만 백성이 장차 노예를 면치 못하게 되었으니 이때가 바로 피를 부리고 눈물을 흘릴 때라! 무릇 살기 바라는 자 죽고, 죽기 바라는 자 살아갈 수 있으니, 나 민영환은 죽음으로써 황제의 은혜를 갚고 2천만 동포에게 사죄하려 하노라.

고종 황제의 헤이그 특사 파견 - 고종 강제 퇴위

고종 황제는 1907년 네덜란드 헤이그에서 세계 각국 대표들이 참석하는 만국 평화 회의가 열린다는 소식을 듣고, 을사조약이 무효라는 사실을 알릴 좋은 기회라 생각하고 이상설, 이준, 이위종 세 사람을 특사로 파견했다. 하지만 '외교권이 없는 대표는 회의에 참석할 수 없다'는 통보만 받고 회의에 참석하지도 못했다. 일본은 헤이그 특사 파견을 구실로 강제로 고종 황제를 쫓아내고 순종을 황제로 앉혔다. 뒤이어 일본은 대한제국 군대마저 해산시켜 버렸다. 이제 대한제국은 외교권도 군대도 없는 나라가 되고 말았다.

1 다음 신문 기사의 제목과 사진 설명을 써 보세요.

장지연

민영환

헤이그 특사(이준, 이상설, 이위종)

2 일본이 고종 황제를 쫓아내고 순종을 황제로 앉힌 이유는 무엇인가요?

3 일본이 대한제국의 군대를 강제로 해산시킨 이유는 무엇인가요?

을사조약의 강제 체결로 일본에 맞서 우리나라를 지키기 위한 항일 의병 운동이 전국적으로 거세게 일어났습니다.

전국적인 의병 운동 거세게 일어나다!

1907년 군대가 해산되자 쫓겨난 군인들은 의병 부대에 들어가 일본군과 싸웠다. 1895년 을미사변과 단발령에 대한 반발로 처음 시작된 의병 운동은 을사조약을 계기로 더욱 거세졌고, 정식 군사 훈련을 받은 군인들이 참여하면서 전투력이 훨씬 강화되었다. 양반, 농민, 군인뿐만 아니라 노비, 상인, 승려, 포수 등에 이르기까지 다양한

의병 부대의 모습

사람들이 의병에 참여했다. 이들은 자기 고장의 지리를 잘 아는 이점을 활용하여 일본군에게 큰 타격을 주었다. 특히 신돌석 같은 평민 출신 의병장들이 등장해 활약했다. 또 의병이 되지는 않았어도 의병들을 도와주는 사람이 많았다. 갈수록 의병 부대가 강해지자 일본은 의병 부대를 도와주는 마을을 불태우고 주민들을 학살하는 등 대대적인 수색 작전을 펼쳐 의병을 이잡듯 잡아 죽였다. 결국 국내에서 의병 활동이 힘들어지자 많은 의병들이 국외로 망명하여 만주와 연해주로 옮겨가 독립군이 되어 일본과의 싸움을 계속했다.

안중근 의사 – 이토 히로부미 암살

이토 히로부미를 저격하고 체포되는 안중근 의사

의병장으로 활동하던 안중근도 일제의 탄압을 피해 1907년 연해주로 건너갔다. 안중근은 비밀 단체를 조직하여 을사조약을 강요한 이토 히로부미 암살 계획을 세웠다. 1909년 이토 히로부미가 하얼빈에 온다는 소식을 듣고 하얼빈에서 기다렸다가 이토 히로부미를 향해 권총을 쏘았다. 이토 히로부미는 가슴과 배에 총탄이 명중하여 그 자리에서 숨졌고, 수행원들도 총에 맞아 쓰러졌다. 저격 직후 러시아 헌병들이 덮쳤고 안중근은 "꼬레아 우라!(한국 만세)"를 외치며 순순히 체포되었다고 한다. 안중근은 사형을 선고받고 1910년 3월 26일 형장의 이슬로 사라졌다.

1 의병이란 무슨 뜻인가요? 의병은 언제 처음 일어났나요?

義 兵
옳을 의 군사 병

을미사변과
단발령

| 의병 : 외적의 침입을 물리치기 위하여 백성들이 자발적으로 조직한 군대나 병사

2 옆의 의병 부대 모습의 사진을 보고 알 수 있는 사실은 무엇인가요?

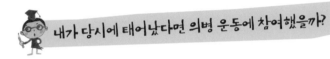

내가 당시에 태어났다면 의병 운동에 참여했을까?

3 다음 도표의 빈 칸을 채우며 의병 운동을 정리해 보세요.

	계기가 된 사건	의미
을미의병(1895)		의병 운동의 시작
을사의병(1905)		각계각층 사람 참여
정미의병(1907)		의병의 전투력 향상

4 의병들이 국내를 떠나 만주와 연해주로 옮겨간 이유는 무엇인가요?

5 안중근 의사는 왜 이토 히로부미를 암살 대상으로 삼았나요? 의사란 무엇인가요?

안중근 의사

| 의사(義의로울의 士선비사) : 나라와 민족을 위해 의로운 행동으로 목숨을 바친 사람

우리나라가 힘이 없어 을사조약을 강제로 맺게 되었다는 반성이 일면서 우리 민족의 힘과 실력을 키워야 한다는 애국 계몽 운동이 일어났습니다.

신문 발행 – 〈황성신문〉 〈대한매일신보〉

1898년 9월에 독립협회 기관지로 창간된 〈황성신문〉은 을사조약의 부당함을 폭로하는 글을 싣는 등 언론 계몽 활동을 계속하였다. 〈대한매일신보〉는 영국인 베델을 사장으로, 양기탁이 주필이 되어 한·영 합작으로 1904년 7월 창간한 신문이다. 〈대한매일신보〉는 사장이 외국인이어서 일본의 검열을 받지 않았기 때문에 애국 계몽 운동을 적극적으로 지원했다.

단체 결성 – 1907년 '신민회' 결성

1907년 4월에 안창호를 중심으로 전국 규모의 ㉠비밀 조직인 신민회가 결성되었다. 양기탁, 이회영, 김구, 박은식, 신채호 등이 중심이 되어 조직했다. 신민회는 실력 양성을 위해 평양에 대성학교를 세워 민족 교육을 추진하고, 평양에 도자기 회사를 세워 민족 산업을 육성하고, 〈대한매일신보〉를 발행하여 계몽운동에 앞장섰고, 국외에서의 독립군기지 창건 등의 운동을 전개하였다.

학교 설립 – 민족의식 키우기

당시 애국 계몽 운동가들은 전국 방방곡곡에서 학교 설립 운동을 전개하여 1907년부터 1909년 4월까지 짧은 기간에 무려 3,000여 개에 달하는 학교를 세웠다. 이승훈은 1907년 정주에서 오산학교를, 안창호는 1908년 평양에 대성학교를 세웠다.

오산학교

1907년 국채 보상 운동

|국채(國나라국 **債**빚채**)** : 국가가 다른 나라에 진 빛

국채 보상 운동은 1907년 대구의 광문사 사장 김광제와 부사장 서상돈 등 10여 명이 '국채 1300만환 보상 취지서'를 전국에 돌리자 전국 각지에서 호응하면서 시작되었다. 일본이 우리나라에 빌려준 돈 1,300만환을 갚자는 운동이었다. 남자들은 담배를 끊고, 여자들은 비녀와 반지를 팔아 참여하는 등 전국 각계각층의 모든 국민이 참여했다. 양기탁이 〈대한매일신보〉를 통해 이 운동을 전국적으로 퍼져 나가게 하는 데 힘썼다. 일제 통감부는 양기탁을 국채보상의연금 횡령 혐의라는 누명을 씌워 구속했다가 무죄로 석방했다. 그러나 이 사건을 계기로 국채 보상 운동은 점차 수그러들었다.

1 1905~1910년 사이에 전개된 애국 계몽 운동은 어떠한 운동을 말하나요?

愛 國
사랑 애 나라 국

＋

啓 蒙
열 계 어두울 몽

＋

運 動
옮길 운 움직일 동

2 〈대한매일신보〉가 애국 계몽 운동을 적극적으로 지원할 수 있었던 이유는 무엇인가요?

3 신민회는 왜 ㉠처럼 비밀 조직으로 구성했나요?

4 서상돈은 대구의 광문사 부사장으로 재직 중 국채 보상 운동을 제안하고 '국채 보상 취지서'를 작성하여 발표했습니다. '취지서'에는 어떠한 방법으로 국채를 갚자고 제안하고 있나요?

국채 1300만원 보상 취지서

　지금 국채가 1300만원이 있으니, 이것은 우리나라가 존재하고 망하는 것과 관계되는 일입니다. (……) 2천만 민중이 3개월 기한으로 담배를 피우지 말고 그 대금으로 1인당 매월 20전씩 거둔다면 거의 1300만 원이 되겠습니다. (……) 우리 2천만 동포 중에서 정말 털끝만큼의 애국 사상이라도 있는 자라면 반드시 두말을 하지 않을 것입니다. 저희들이 여기서 감히 발기하여 취지를 알리고 피눈물로 호소합니다.

---

5 다음은 애국 계몽 운동가들의 사진입니다. 이들이 무슨 일을 했는지 설명해 보세요.

양기탁

안창호

이승훈

김광제

서상돈

우리땅 독도

'독도는 우리땅' 노래 가사를 잘 읽어보세요.
일본이 언제 독도를 일본땅으로 몰래 편입시켰나요?

독도는 우리땅

박인호 작사 작곡

Go Go ♩ = 120

울릉 도 동남 쪽 뱃길따라 이백리 외로운 - 섬하나 새들 의 고 향 - -
지증 왕십삼 년 섬나라 - 우산국 세종실록지리지 오십페이지 셋째줄

그누 가 - 아무리 자기네 땅이 라고 우 겨 도 독도 는우리 - 땅
하와 이 는 미국땅 대 마 도 - 는 - 일 본 땅 독도 는우리 - 땅

경상북도울릉군 남면도동일 번 지 동경백삼십 이 북 위삼 십 칠
러일전쟁직후에 임자없 는섬이라고 억지로우 기 면 정 말곤 란 해

평 균 기 온십 이 도 강수량은천 삼 백 독도 는우리 - 땅
신 라 장 군이 사 부 지하에서웃 는 다 독도 는우리 - 땅

오징 어꼴뚜기 대구명태거북이 연어알 물새알 해 녀대합실
울릉 도동남쪽 뱃길따라이백리 외로운 섬하나 새 들의고향

십칠만평방미 터 우 - 물 하 - 나 - 분화구 독도 는 우리 - 땅
그누가아무리 - 자 기 네 땅이 라고우겨도 독도 는 우리 - 땅

12

2 1919년 3·1운동

학습목표

- 1910년 한일 합병 후 일제의 무단통치와 토지 조사 사업에 대해 이해한다.
- 3·1운동이 일어난 배경과 전개 과정을 이해한다.

학습내용

01 한일 합병 조약(1910)
02 토지 조사 사업(1910)
03 대한독립만세, 3·1운동(1919)
04 유관순 열사(1902~1920)

공부하고 스스로 평가하기

- 한일 합병 조약이 무엇인지 말할 수 있어요. ☆☆☆☆☆
- 일제의 헌병 경찰 통치와 토지 조사 사업이 무엇인지 말할 수 있어요. ☆☆☆☆☆
- 1919년에 일어난 3·1운동의 배경과 전개 과정에 대해 말할 수 있어요. ☆☆☆☆☆
- 유관순 열사의 삶에 대해 말할 수 있어요. ☆☆☆☆☆

대한제국은 1905년 을사조약으로 외교권을 빼앗긴 후, 1910년 한일 합병 조약으로 일본의 식민지가 되었습니다.

한일 합병 조약 – 일본의 식민지가 되다

대한제국은 을사조약으로 외교권을 빼앗기고 군대 해산으로 군대도 없는 나라가 되고 말았다. 일제는 뒤이어 대한제국의 사법권과 경찰권마저 빼앗은 후 마지막으로 일본과 대한제국을 하나로 합치는 합병 조약을 맺을 것을 강요하였다. 드디어 1910년 8월 22일 일본 헌병들을 배치해 놓고 순종 황제 앞에서 형식상의 회의를 열어 총리대신 이완용과 일본 통감 데라우치의 이름으로 한일 합병 조약을 체결하였다. 그러나 일본은 한국민의 반항을 두려워하여 조약 체결을 숨긴 채 사회단체의 집회를 철저히 금지한 후 8월 29일 이를 반포하였다.

〈한일합병조약 문서〉 (일부)

제1조 대한제국 정부는 모든 통치권을 완전히 그리고 영원히 일본제국에 넘긴다.
제2조 일본제국 황제는 이를 수락하여 대한제국을 일본 제국에 합병함을 승낙한다.
제8조 본 조약은 일본제국 황제 및 대한제국 황제의 재가를 받은 것으로 공포일로부터 이를 시행한다.

| 다음 사건을 일어난 순서대로 바르게 나열해 보세요.

보기	을사조약 군대 해산 한일 합병 조약
	고종 강제 퇴위 헤이그 특사 파견

➡   ➡

➡   ➡

2 일제 시대란 말을 많이 들어 보았지요? 일제란 무슨 뜻인가요?

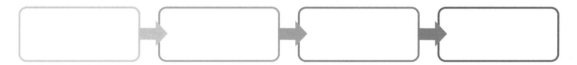

日 帝
일본 일 임금 제

| 제국주의(帝國主義) : 강한 군사력과 경제력으로 다른 나라나 민족을 정벌하여 식민지로 삼는 침략주의적인 경향이나 국가 정책

| 식민지(植심을식 民백성민 地땅지) : 백성을 심는 땅 : 본국 밖에 있으면서 특수한 지배를 받는 지역

3 일제가 빼앗아 간 우리나라의 권리를 차례대로 써 보세요.

	→		→		→	

4 다음 사전에서 설명하고 있는 인물은 누구인가요?

　　을사5적의 한 사람으로, 이토 히로부미의 추천으로 내각 총리대신이 되었다. 1907년 헤이그 특사 사건이 일어나자 일본의 지시대로 고종에게 물러날 것을 강요, 순종을 즉위시켰다. 당시 수만 명의 군중들이 덕수궁으로 몰려가 ○○○의 매국 행위를 규탄하고 그의 집에 불을 질렀다. 1909년 7월에는 단독으로 기유각서를 맺어 대한제국의 사법권마저 일본에 넘겨주었다. 1909년 12월 명동성당 앞에서 이재명의 칼을 맞고 겨우 목숨을 건졌다. 1910년 8월 29일 총리대신으로 일본과 한일 병합 조약을 체결하였다. 그 공으로 일본 정부로부터 백작 칭호를 받았다.

5 한일 합병 조약이란 무엇인가요?

韓 日 合 倂 조약
한국 한 일본 일 합할 합 아우를 병

일제는 한일 병합 후 조선총독부라는 식민 통치 기구를 두고 헌병 경찰을 동원한 무단 통치를 실시하고 토지 조사 사업을 벌여 우리 땅을 빼앗았습니다.

조선 총독부 – 헌병 경찰 통치

한일 병합 후 일본은 경복궁을 헐어내고 조선 총독부를 세웠다. 첫 번째 총독은 한일 합병 조약에 공을 세운 군인 출신 데라우치를 임명했다. 일제는 경찰 대신 군대 경찰인 헌병과 헌병 보조원을 전국에 배치하여 우리 민족을 철저히 감시하고 탄압했다. 우리 민족의 정치 활동을 금지하고, 민족 신문을 폐간하고, 애국 계몽 단체를 해산하고, 많은 독립운동가들을 체포했다. 일본의 이러한 강압적인 무력 지배 때문에 많은 독립운동가들이 해외로 망명했다.

┃ **총독(總**모두총 **督**감독할독**)** : 모두를 감독하다 : 식민지 통치기구의 우두머리

토지조사사업(1910~1918)과 회사령(1910~1920)

일제는 먼저 대대적인 '토지 조사 사업'을 벌였다. 1912년부터 1918년까지 기간을 정해 놓고 토지를 가진 사람은 토지 주인, 토지 가격, 토지 모양, 토지 크기 등을 신고하라는 것이었다. 그러나 신고 절차가 복잡하고 일본에 대한 감정이 좋지 않았기 때문에 많은 농민들이 신고하지 않았다. 더구나 마

동양척식주식회사

을 공동 소유 토지나 왕실 소유의 땅들은 신고할 사람이 없어 대부분 신고하지 않았다. 일제는 이런 땅들을 모두 주인 없는 땅이라며 조선 총독부 소유로 만들어 버렸다. 이렇게 빼앗은 토지는 동양척식주식회사에 넘기거나 일본인들에게 싼값에 팔아넘겼다. 수많은 토지가 일본인에게 넘어갔고 농민들은 그 밑에서 일하는 소작인이 되어 비싼 토지 사용료를 내야 했다. 그나마 소작을 얻지 못한 농민들은 고향을 떠나 만주, 연해주, 시베리아 같은 외국으로 살길을 찾아 떠나는 사람이 많았다.

또한 일제는 조선 총독부 허가 없이는 회사를 세울 수 없게 하는 '회사령'을 공포하여 우리나라 사람이 회사를 세우는 것을 막고 많은 일본 기업들이 우리나라로 진출할 수 있게 하였다.

1 일제가 우리나라를 지배하기 위해 만든 최고 권력 기구는 무엇인가요?

2 다음 사진을 보고 일본이 행한 식민 통치 방식을 설명해 보세요.

헌병 경찰

제복을 입고 칼을 찬 교사

| 무단통치 : 군대나 경찰이 무력으로 행하는 정치

3 일제가 토지 조사 사업을 벌인 목적은 무엇인가요?

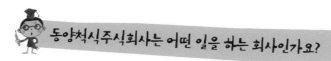

동양척식주식회사는 어떤 일을 하는 회사인가요?

4 토지 조사 사업 이후 우리 농민들의 생활은 어떻게 되었나요?

5 일제가 회사령을 공포한 이유는 무엇인가요?

03 대한독립만세, 3·1운동(1919)

한일 합병 조약 후 일본을 몰아내고 주권을 되찾기 위한 독립운동이 국내외에서 일어났습니다. 우리 민족 최대의 독립운동인 3·1 운동에 대해 알아봅시다.

3·1 운동의 배경 – 민족자결주의와 2·8독립선언

제1차 세계대전 이후 미국 대통령 윌슨은 "민족의 운명은 그 민족 스스로 결정한다"는 민족자결주의를 주장했다. 이러한 소식은 우리나라 독립운동가들에게 큰 희망을 주었다. 먼저 일본에서 공부하고 있던 한국인 유학생들이 1919년 2월 8일 일본 도쿄에서 '독립선언서'를 발표했다. 이에 자극을 받은 국내의 독립운동가들은 33인의 민족 대표를 뽑아 '독립선언서'를 작성하고 전국적인 만세 운동을 벌이기로 했다. 3월 3일이 고종 황제의 장례식 날이니 사람들이 많이 모여들 거라 예상하고 3월 1일을 거사일로 잡았다. 민족대표 33인은 3월 1일 탑골공원에 모여 독립선언서를 낭독하고 전 국민의 만세 운동을 이끌기로 했다.

3·1 운동의 전개 과정

3월 1일 오후 2시 탑골공원에는 수많은 학생과 시민들이 민족 지도자 33인을 기다리고 있었다. 그런데 민족 대표 33인 중 29명은 그 시각 탑골공원 근처에 있는 음식점 태화관에 모여 '독립선언서'를 읽은 뒤 순순히 일본 경찰에게 잡혀갔다. 결국 탑골공원에 모여 있던 학생들은 따로 독립선언서를 낭독했다.

독립 선언서의 내용 (일부)

우리는 여기에 우리 조선이 독립된 나라인 것과 조선 사람들이 주인임을 선언하노라. 이것을 세계 모든 나라에 알려 인류가 평등하다는 큰 뜻을 밝히며, 이것을 자손만대에 일러 우리 민족이 독자적으로 생존할 정당한 권리를 영원히 누리게하노라.……

탑골공원에 모인 사람들이 감격에 겨워 독립 만세를 외쳤다.
"대한 독립 만세, 대한 독립 만세, 대한 독립 만세!"
사람들은 탑골공원을 나와 행진을 시작했다. 수천명의 학생과 시민들이 서울 거리를 누비면서 독립 만세를 외쳤다. 고종의 장례식을 보기 위해 올라왔던 사람들이 참여하면서 만세 행렬은 더욱더 불어났다. 서울에서 시작된 만세 운동은 전국적으로 퍼져 나가 5월 초순까지 계속되었으며 해외 동포들도 참여했다. 3·1 운동은 평화적 시위로 진행되었지만 일제는 총칼로 탄압하였다. 일제는 수원 제암리에서 주민들을 교회에 몰아넣고 불을 지르는 만행을 저질렀다. 3개월 동안 만세 운동이 열린 횟수는 1500회가 넘었고 200만 명이 넘는 사람들이 참여했다.

1 3·1 운동은 왜 3·1 운동이라고 부르나요? 왜 3월 1일 날 일어났나요?

2 3·1 운동의 배경이 된 사건 두 가지는 무엇인가요?

3 다음 그림과 사진을 보며 3·1 운동의 전개 과정을 설명해 보세요.

태화관에 모인 민족 대표

탑골공원 팔각정

4 내가 탑골공원 팔각정에 올라 독립선언서를 낭독한 학생이라 상상하며 '독립선언서'를 큰소리로 읽어보세요.

5 우리 민족의 평화적인 만세 운동에 일본은 어떻게 대응하였나요?

사망자 7,509명   부상자 15,961명   검거자 52,770명

3·1 만세 운동의 상징 유관순 열사의 불꽃 같은 삶에 대해 알아봅시다.

아우내 장터의 횃불, 유관순

1919년 4월 1일 충남 천안군 병천면 아우내 장날, 유관순은 장터 어귀에서 밤새 만든 태극기를 나누어 주며 만세 운동에 모여든 사람들 앞에서 연설을 했다.

"여러분, 우리에겐 반만년의 유구한 역사를 가진 나라가 있었습니다. 그러나 일본은 우리나라를 강제로 합병하고 온 천지를 활보하며 우리 사람들에게 가진 학대와 모욕을 다하고 있습니다. 우리는 10년 동안 나라 없는 백성으로 온갖 압제와 설움을 참고 살아왔지만 이제 더는 참을 수 없습니다. 우리는 나라를 찾아야 합니다. 지금 세계의 여러 약소민족들은 자기 나라의 독립을 위하여 일어서고 있습니다. 나라 없는 백성을 어찌 백성이라 하겠습니까. 우리도 독립만세를 불러 나라를 찾읍시다."

시위 중 부친과 모친을 눈 앞에서 모두 잃어

시위 대열이 아우내 장터 곳곳을 누비자 병천 헌병 주재소의 헌병들이 달려와 총검을 휘두르며 만세 시위 운동을 탄압했다. 이 때 유관순의 아버지가 "왜 사람을 함부로 죽이느냐"며 항의하다가 일본 헌병의 총검에 찔려 순국하였고, 이를 본 유관순의 어머니가 남편의 원수를 갚으려고 달려들다가 일본 헌병들에게 학살당하고 말았다.

열여덟 꽃다운 나이에 옥중 순국

유관순은 천안 헌병대에서 갖은 고문을 당하면서도 처음부터 끝까지 자신이 시위 주동자이니 죄 없는 다른 사람들을 석방하라고 호통을 쳤다. 유관순은 법정에서, "나는 한국 사람이다. 너희들은 우리 땅에 와서 우리 동포들을 수없이 죽이고 나의 아버지와 어머니를 죽였으니 죄를 지은 사람은 바로 너희들이다. 우리들이 너희들에게 형벌을 줄 권리는 있어도 너희들은 우리를 재판할 그 어떤 권리도 명분도 없다"고 하면서 재판을 거부하는 당당함과 민족적 기개를 잃지 않았다. 결국 유관순은 극심한 고문으로 인해 1920년 9월 28일, 서대문 감옥에서 18살의 꽃다운 나이로 순국하고 말았다.

| 순국(殉 따라죽을순 國 나라국) : 나라를 위해 따라 죽다 : 나라를 위하여 목숨을 바침

1 다음 사진은 유관순이 태어난 생가와 유관순이 다니던 교회입니다. 유관순의 어린 시절은 어떠했을까 상상해 보세요.

유관순은 1902년 11월 17일 충남 천안군 동면 용두리에서 태어났다. 5남매 가운데 둘째 딸이었다. 아버지는 기독교를 믿었던 개화 인사로 재산을 털어 학교를 세워 민족 교육 운동을 전개한 계몽운동가였다.

유관순 열사 생가터(충남 천안시 병천면 용두리)

2 다음 사진은 이화학당 시절의 유관순입니다. 유관순이 고향으로 내려온 이유는 무엇인가요?

1919년 3월 1일 3·1 만세 운동이 터지자 일제는 학생들의 만세 운동 참여를 막기 위해 휴교령을 내렸다. 당시 경성(서울)에서 학교를 다니던 학생들이 고향에 내려가면서 만세 운동의 불길이 전국으로 퍼져 나가는 데 도움을 주었다.

3 다음은 유관순 열사의 서대문 감옥 수형자 기록표 사진입니다. 유관순은 수감된 지 1년 6개월 만에 감옥에서 죽었습니다. 사진 속 얼굴을 잘 살펴보고 유관순이 죽은 이유가 무엇인지 말해 보세요.

| 열사 : 맨몸으로 저항하여 의롭게 죽은 사람
| 의사 : 무력으로 항거하여 의롭게 죽은 사람

3·1운동 일기 쓰기

내가 1919년 3·1 운동에 참여한 학생이라 상상하고
그 날의 일기를 써보세요.

1919년 3월 1일

제목

_____

_____

_____

_____

대한독립만세

_____

_____

_____

_____

3 1920년대 독립운동

학습목표

- 대한민국 임시정부의 수립과 그 활동을 이해한다.
- 3·1 운동 이후 국내외에서 벌어진 독립운동을 이해한다.

학습내용

01 대한민국 임시정부 수립(1919)
02 봉오동 전투와 청산리 전투(1920)
03 일제강점기 우리 민족의 생활
04 국내 민족 실력 양성 운동

공부하고 스스로 평가하기

○ 대한민국 임시정부를 왜 세웠으며 어떠한 활동을 했는지 말할 수 있어요. ☆☆☆☆☆

○ 해외에서 독립군들이 벌인 무장 투쟁 중 봉오동 전투와 청산리 전투에 대해 말할 수 있어요. ☆☆☆☆☆

○ 일제강점기 우리나라 사람들의 생활이 어떠했는지 말할 수 있어요. ☆☆☆☆☆

○ 국내에서 벌어진 다양한 민족 실력 양성 운동이 무엇인지 말할 수 있어요. ☆☆☆☆☆

3·1 운동 뒤 많은 독립운동가들은 항일 독립운동을 효과적으로 이끌어가기 위해 대한민국 임시정부를 세웠습니다. 임시정부의 활동을 알아봅시다.

대한민국 임시정부 수립(1919)

3·1 운동 뒤 많은 독립운동가들은 독립운동을 좀더 조직적이고 효과적으로 추진하기 위한 기관이 필요하다는 생각을 하게 되었다. 그래서 이승만, 김구 등을 중심으로 많은 독립운동가들이 중국 상하이에 모여 1919년 4월 대한민국 임시정부를 세웠다. 비록 임시이긴 하지만 한 나라를 대표하는 정부가 탄생한 것이다. 대한민국 임시정부는 1919년부터 1945년까지 항일 독립운동의 중심 역할을 했다. 비록 해외에 있었지만 온 겨레의 지지를 받고 모든 동포에게 우리도 독립할 수 있다는 희망과 용기를 주었다.

대한민국 임시정부 수립(1919)

대한민국 임시정부의 활동(1919~1945)

비밀연락망 조직 대한민국 임시정부는 국내와 연결되는 비밀 연락망을 조직하여 대한민국 임시정부의 소식을 전하는 데 힘쓰고 독립자금을 전달받기도 하였다.

독립신문 발행 대한민국 임시정부는 독립신문을 발행하여 임시정부와 독립군의 활동 상황을 국내외에 알렸다.

무관학교 설립, 한인애국단 조직, 한국광복군 창설 무관학교를 세워 독립군을 길러 내고, 1926년에는 한인애국단을 조직하여 이봉창, 윤봉길 의사의 의거를 지원했으며, 1940년에는 한국광복군을 창설하여 일본과의 전쟁을 준비했다.

외교 활동 - 파리 강화 회의 참여 일본의 침략 사실과 한국 역사를 알리기 위하여 책을 펴내고 세계 각지에 외교관을 파견했다. 제1차 세계대전 후 전쟁에서 승리를 거둔 나라들이 전쟁의 뒤처리를 위해 개최한 파리 강화 회의에 김규식을 대한민국 임시정부 대표로 파견했다.

대한민국 임시정부 인사들

1 대한민국 임시정부를 수립한 이유는 무엇인가요?

2 임시정부는 나라 이름을 무엇이라 정했나요? 이전의 나라 이름은 무엇이었나요?

> **대한민국 임시정부 헌장 내용(일부)**
> - 대한민국은 국민이 주인이 되는 나라이다.
> - 대한민국은 임시정부가 다스린다.
> - 대한민국 국민은 모두 평등하다.
> - 대한민국 국민은 말을 하거나 책을 펴내거나 모임을 가질 자유가 있다.

| 민국(民백성민 國나라국) : 백성의 나라 : 민주 정치를 행하는 나라
| 제국(帝임금제 國나라국) : 임금의 나라 : 황제가 다스리는 나라

3 대한민국 임시정부는 왜 우리나라가 아닌 중국에 세웠을까요?

4 다음 중 대한민국 임시정부가 한 일 중 옳지 않은 것을 고르고, 바르게 고쳐 보세요.

① 여러 독립운동 단체에 자금을 지원해 주었다.
② 대한매일신보를 발행하여 국내외에 임시정부의 소식을 알렸다.
③ 무관학교를 설립하여 독립군을 길러냈다.
④ 한인애국단을 만들어 이봉창, 윤봉길 의사의 의거를 지원했다.
⑤ 파리 강화 회의에 김구를 임시정부 대표로 파견했다.

3·1운동 후 만주에서는 독립운동이 활발해지면서 수많은 독립운동 단체들이 무장 독립 투쟁을 전개했는데, 봉오동 전투와 청산리 전투가 가장 유명합니다.

1920년 6월 봉오동 전투-홍범도 장군

3·1 운동 이후 우리 민족이 많이 이주해 살고 있던 간도와 연해주 지역을 중심으로 많은 독립군 부대가 조직되었다. 봉오동 역시 만주에 자리잡고 있던 조선인 마을로 독립군의 근거지였다. 일본군이 봉오동으로 쳐들어온다는 소식을 듣고 독립군 연합부대의 총사령관인 홍범도는 산봉우리에 숨어 일본군을 기다렸다. 1920년 6월 7일 새벽, 드디어 일본군이 봉오동 입구에 나타났다. 홍범도는 일본군을 산봉우리 아래 계곡으로 끌어들였다. 신이 나서 독립군을 쫓아오던 일본군은 산봉우리에서 쏟아지는 총탄 세례에 꼼짝없이 당하고 말았다. 일본군의 전사자는 600여 명, 전투는 독립군의 대승리였다.

홍범도 장군

1920년 10월 청산리 전투 – 김좌진 장군

봉오동 전투 후 일본군이 대규모 부대를 이끌고 다시 공격을 해온다는 소식을 듣고 독립군 부대들은 백두산 서쪽의 청산리로 이동했다. 청산리로 근거지를 옮긴 홍범도 부대와 김좌진 부대를 비롯한 독립군 연합부대는 청산리에 모여 일본군과 맞설 준비를 했다. 김좌진이 이끄는 독립군은 청산리 백운평 계곡에 숨어서 일본군을 기다렸다. 1920년 10월 21일 드디어 일본군의 공격이 시작되었다. 일본군이 백운평 계곡 안으로 모두 들어서자 김좌진 장군이 공격 명령을 내렸다. 계곡과 숲이 우거진 청산리로 일본군을 유인하여 6일 동안 10여 차례의 전투 끝에 일본군 1200명을 사살하는 대승을 거두었다.

김좌진 장군

1920년 10월 간도 대학살(간도참변, 경신참변)

봉오동과 청산리에서 연달아 패배한 일본군은 약이 바짝 올라 만주의 간도에 살고 있던 조선인의 집과 학교를 불태우고 죄 없는 수많은 조선인들을 마구 죽였다. 이 사건을 '간도 대학살'(경신참변)이라고 한다.

1 많은 우리나라 사람들이 국내를 떠나 만주와 연해주 지역으로 옮겨 독립 운동을 했습니다. 왜 국내를 떠나 옮겨 갔을까요?

● 독립운동가

● 농민

2 독립운동가들이 활동한 만주, 간도, 연해주가 어디인지 지도에서 찾아 표시하면서 지역을 익혀 보세요.

만주 중국의 동북 지방

간도 백두산 북쪽의 만주 동북 지역으로, 현재의 중국 연변 조선족 자치구 지역

연해주 러시아 영토로, 두만강 위쪽 동해에 인접해 있는 지역

3 위의 지도에서 봉오동과 청산리를 찾아 표시하고, 다음 도표의 빈 칸을 채우며 두 전투를 정리해 보세요.

날짜	장군 이름	전투 이름	작전 내용

4 '간도 대학살'이 무엇인지 설명해 보세요.

일제가 산미 증식 계획을 실시한 목적과 우리나라에 미친 영향에 대해 알아봅시다.

산미 증식 계획(1920 ~ 1934)

1920년대 일본은 급격한 인구 증가로 쌀이 부족해져 쌀값이 치솟았다. 생활이 어려워진 일본 국민들은 전국 곳곳에서 폭동을 일으켰다. 일제는 쌀 부족을 해결하기 위해 우리나라에서 쌀의 생산량을 늘려 일본으로 가져갈 계획을 세웠다. 이것이 산미 증식 계획이다. 쌀의 생산량을 늘리기 위해 일제는 농민들에게 저수지와

일본으로 가져갈 쌀이 산더미처럼 쌓여 있는 인천항

물길을 만들고, 새로운 품종을 사서 심고 많은 비료를 사용하도록 강요하였다. 쌀의 생산은 늘어났지만 일제는 생산량보다 더 많은 쌀을 빼앗아 갔다. 우리나라에서는 점점 쌀이 부족해지고 농민들은 치솟는 쌀값과 저수지, 물길을 만드는 공사 비용을 떠맡게 되어 더욱 더 가난해져갔다.

우리 민족의 생활

일본은 교통의 중심지, 일본군이 주둔하는 곳, 공장이 세워진 곳을 도시로 발전시켰다. 특히 일본인이 많이 사는 곳을 도시로 지정하여 상하수도를 정비하고 의료 시설을 세우는 등 주거 환경을 개선하였다. 도시 중심가에는 일본인 거주 지역과 백화점, 영화관 등이 들어섰다. 그러나 일본인과 소수의 한국인들만 그 혜택을 누릴 뿐, 우리나라 사람 대부분은 변

일제강점기 서울 충무로

두리로 쫓겨나고 중심가는 일본인을 위한 지역으로 조성하였다.

농촌에 살고 있던 사람들 역시 자신의 땅도 없고 비싼 소작료와 세금을 내고 나면 먹고 살기가 힘들었다. 그래서 많은 사람들이 농촌에서 도시로 몰려왔다. 그렇지만 도시로 온 사람들도 일자리를 구하지 못하고 날품을 팔거나 구걸을 해서 먹고 살았다. 이러한 사람들은 도시 주변에 가마니 등으로 만든 움막집인 '토막'에서 살았다.

1 일본은 왜 산미 증식 계획을 실시했나요?

2 다음 두 그래프가 보여주고 있는 사실은 무엇인가요?

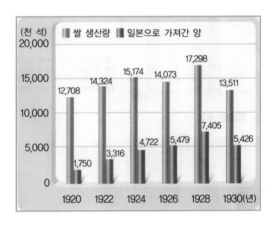
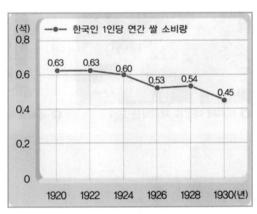

3 다음 두 사진을 보고 일제강점기 때 일본인과 우리나라 사람의 생활을 비교해서 설명해 보세요.

백화점

토막

> 3·1 운동 이후 국외에서 항일 무장 독립운동을 하는 동안 국내에서는 다양한 민족 실력 양성 운동을 전개했습니다.

조선 물산 장려 운동(1923)

1920년대 들어 일본 기업들이 우리나라에 많이 진출하자, 1923년 민족 지도자들이 모여 '조선물산장려회'를 만들어 우리나라 산업을 보호하자는 물산 장려 운동을 벌였다. 국산품 애용, 소비 절약, 금연·금주 등의 운동을 벌여 전국적으로 퍼져 나갔으나 일제의 탄압으로 실패로 끝나고 말았다. 조선물산장려회는 1940년에 해체되었다.

농촌 계몽 운동(1920년대 후반)

일제의 식민지 정책 때문에 우리 민족이 제대로 교육을 받지 못하자 언론 기관들이 농촌 계몽 운동을 벌였다. 조선일보는 1929년 '아는 것이 힘, 배워야 산다'는 구호를 내걸고 문자 보급 운동을 전개했고, 동아일보는 1931년부터 '브나로드 운동'을 내걸고 문맹 퇴치 운동을 벌여 효과를 거두었으나 1935년 일제의 탄압으로 전면 중단되고 말았다.

신간회(1927) 결성

1927년 국내의 여러 독립운동 단체들은 서로 연대하여 신간회를 결성했다. 신간회는 전국 각지를 돌며 강연회를 개최하여 민족 의식을 높이고, 광주 학생 운동을 적극 지원하여 전국적으로 확산되는 데 도움을 주었다. 신간회는 일본의 탄압과 내부의 다툼으로 1931년 해산되었다.

학생운동 – 6·10 만세 운동(1926)과 광주 학생 운동(1929)

1926년 6월 10일 조선의 마지막 임금인 순종의 장례일에 학생들은 3·1운동과 같은 전국적인 항일 운동을 다시 일으킬 계획을 세웠다. 드디어 6월 10일 황제의 상여가 지나갈 때 독립 만세를 외쳤다. 일본의 방해 때문에 실패했지만 이 운동은 뒷날 광주 학생 운동의 발판이 되었다.

1929년 광주에서 나주로 가는 통학 열차 안에서 일본 남학생들이 조선 여학생을 괴롭힌 일로 조선 남학생과 일본 남학생 사이에 싸움이 벌어졌는데, 일본은 조선 학생들만 구속하였다. 그러자 11월 3일 조선의 학생들은 일제의 차별에 대항하여 전국적인 항일 운동을 일으켰고, 신간회의 적극적인 지원으로 전국적인 항일 운동으로 발전하였다.

1 다음 신문 기사를 큰소리로 읽어 보세요. 어느 운동을 알리고 있나요?

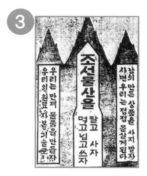

2 신간회는 누가 만든 단체인가요? 무슨 일을 하였나요?

3 다음 사건들과 관계있는 독립운동은 무엇인가요? 왜 황제의 장례일에 대규모 독립 운동이 일어났을까요?

> 1919년 고종 황제 장례일

> 1926년 순종 황제 장례일

4 11월 3일은 '학생의 날' 입니다. 왜 11월 3일이 학생의 날이 되었을까요?

독립운동 계획서 세우기

내가 대한민국 임시정부의 대통령이라 상상하면서
어떠한 독립운동을 벌일지 계획을 세워 보세요.

대한민국 임시정부
독립운동 계획서

1 --

----

2 --

----

3 --

4 1930~40년대 독립운동

학습목표

• 일제의 민족 말살 정책이 무엇인지 이해한다.
• 1930~40년대 국내외에서 벌어진 독립운동을 이해한다.

학습내용

01 일제의 민족 말살 정책
02 국내의 민족 문화 수호 운동
03 한인애국단-이봉창과 윤봉길 의거(1932)
04 한국광복군(1940)의 독립전쟁

공부하고 스스로 평가하기

○ 일제의 민족 말살 정책이 무엇인지 말할 수 있어요. ☆☆☆☆☆

○ 일제의 민족 말살 정책에 맞서 우리 민족의 혼을 지키기 위한 다양한 민족 문화
수호 운동이 무엇인지 말할 수 있어요. ☆☆☆☆☆

○ 이봉창과 윤봉길 의사의 의거에 대해 말할 수 있어요. ☆☆☆☆☆

○ 한국광복군이 창설된 이유와 국내 진공 작전이 무엇인지 말할 수 있어요. ☆☆☆☆☆

일본은 1930년대 들어 침략 전쟁을 일으키면서 우리나라를 군수물자를 공급하는 병참기지로 만들고, 우리 민족을 일본인으로 만들려는 민족 말살 정책을 추진했습니다.

일본의 침략 전쟁

만주사변(1931) 일본은 1931년 만주를 점령하여 만주국을 세우고 만주를 식민지로 삼아 침략 전쟁의 근거지로 삼았다.

중일전쟁(1937) 일본은 1937년 7월 중국을 침략하여 중국인 1,200만 명을 죽이고 중국 대부분의 지역을 점거했다.

만주사변

태평양전쟁(1941) 중국의 땅이 워낙 광대하고 중국인의 저항이 심해 전쟁이 장기화되자, 1941년 일본은 미국의 진주만을 공격하여 태평양 전쟁을 일으켰다. 태평양 전쟁은 일본과 미국, 영국, 중국 등의 연합국 사이에 벌어진 전쟁이다.

민족 말살 정책

일본은 식민지 조선을 아예 일본의 일부로 만들기 위해 우리 민족을 없애고 일본인으로 만들려는 민족 말살 정책을 추진했다. 학교에서는 더 이상 우리말과 글을 가르치지 않고 일본어와 일본 역사를 가르쳤고 일본어만 쓰게 했다. 우리의 성과 이름을 일본식 성과 이름으로 바꾸도록 했는데, 이를 창씨개명이라고 한다. 또 전국 각지에 일본 신사를 세워 참배하도록 하고 학생들에게 〈황국신민서사〉를 외우게 했다.

전쟁에 동원된 우리나라

침략 전쟁이 확대되자 일본은 우리나라를 전쟁에 필요한 물자를 공급하는 병참기지로 이용했다. '공출'이라는 이름으로 학교 철문, 교회 종, 가마솥, 놋그릇, 숟가락 등 무기를 만드는 데 필요한 금속들은 무엇이든 빼앗아 갔고, 또한 우리나라 사람들을 강제로 끌고 가 군수 공장의 노동자로 부려 먹었다. 이를 강제 징용이라 한다. 이도 모자라 조선의 학생, 청년들을 전쟁터에 군인으로 보내기 시작했다. 지원병 제도와 학병제, 징병제를 실시하여 많은 청년들을 전쟁터로 내몰았다. 일제는 여성들까지 '근로정신대'라는 이름으로 끌고 가 군수 공장에서 일하게 했으며, 젊은 여성들은 일본군 부대의 군대위안부로 만들어 비인간적 삶을 강요하였다.

┃ **징용(徵**부를징 **用**쓸용)**: 불러서 쓰다 : 전쟁 등 비상 사태에 국가가 국민을 강제로 일정한 업무에 종사시킴.
┃ **징병(徵**부를징 **兵**군사병)**: 병사로 부르다 : 국가가 법률로 국민에게 병역 의무를 부과하여 일정한 기간 군대에 복무시키는 일

1 다음 중 일본이 일으킨 침략 전쟁이 아닌 것은?

① 만주사변　　② 중일전쟁　　③ 태평양전쟁　　④ 6·25전쟁

2 다음 〈황국신민서사〉를 읽어보세요. 일본이 다음과 같은 민족 말살 정책을 펼친 이유는 무엇인가요?

〈황국신민서사〉

우리들은 대일본제국의 신민입니다. 우리들은 마음을 합하여 천황폐하께 충성을 다합니다. 우리들은 인고단련하여 훌륭하고 강한 국민이 되겠습니다.

창씨개명　　　신사참배　　　일본어만 쓰기

3 일본의 침략 전쟁이 확대되면서 우리나라 사람들을 전쟁에 동원했습니다. 다음 사진들은 무엇과 관련이 있는지 보기에서 골라 보세요.

보기　공출　　징용　　징병　　학도병　　근로정신대

일제가 강제로 거둬들인 금속제품　　　강제로 끌려간 조선인 노동자

전쟁터로 가기 위해 동원된 소년들　　　일하러 가는 조선여자들

일제의 민족 말살 정책에 대항하여 교육, 역사, 문학 등 다양한 분야에서 우리 민족의 혼을 지키기 위해 노력했습니다.

조선어학회 – 한글 연구와 보급

이윤재, 최현배 등은 1931년 조선어학회를 조직하여 한글 연구 및 강습회 개최를 통해 한글 보급에 앞장섰다. 그들의 노력에 힘입어 일제의 한글 사용 금지에도 불국하고 많은 사람들이 한글을 접하게 되었고 한글 쓰기에 동참하였다. 일본은 조선어학회가 독립운동을 한다는 구실로 강제로 해산시켰다.

조선어학회에서 발행한 잡지 〈한글〉

역사 연구 – 박은식과 신채호

당시 일본의 역사학자들은 우리나라를 식민지로 지배하기 위해 우리나라 역사를 꼼꼼히 연구하여, "조선은 옛날부터 외국의 지배를 받아왔으며 일본보다 뒤떨어졌기 때문에 일본의 식민지가 되는 게 당연하다"는 논리를 폈다. 우리나라 역사학자 박은식은 "비록 나라가 망했어도 나라의 혼이 살아 있으면 망한 것이 아니다. 나라의 혼을 보존하려면 나라의 역사를

박은식

신채호

보존해야 한다"고 하면서 〈한국통사〉와 〈한국독립운동지혈사〉를 썼다. 또한 신채호는 ㉠"나의 독립운동은 우리나라 역사를 연구하는 것입니다"라고 하면서 우리나라 고대사를 연구하여 〈조선상고사〉를 펴내고 '을지문덕', '이순신' 등의 영웅전을 써서 우리 민족의 우수성을 알리고 우리 역사의 주인이 우리 민족임을 강조하였다.

문화·예술계

민족의 혼을 지키기 위한 노력은 문학, 예술, 종교, 체육 분야까지 확산되었다. 한용운, 심훈, 윤동주 등의 문학인들은 민족이 처한 아픔과 독립을 바라는 간절한 마음을 작품에 표현하였고, 나운규는 우리 민족의 아픔과 고통을 영화 '아리랑'에 담아 감동을 주었다. 또 1936년 베를린 올림픽 마라톤 경기에서 우승을 하고도 굳은 표정으로 자신의 가슴에 있는 일장기를 감추는 손기정의 모습은 많은 사람들에게 나라 잃은 슬픔을 되새기게 하고 독립에 대한 의지를 다지게 하였다.

1 내가 조선어학회 회원이라 상상하고 조선어학회가 내걸 만한 표어를 만들어 보세요.

> 우리의 한글을 사용합시다!

2 다음 역사책에 들어 있을 법한 내용을 바르게 연결해 보세요. 이 책의 지은이 는 누구인가요?

한국통사 韓國痛史	• 독립운동에 몸바친 사람들의 피의 역사
한국독립운동 지혈사	• 고대부터 근대사까지 우리나라 역사
조선상고사 朝鮮上古史	• 고조선, 고구려, 백제의 역사

3 신채호의 ㉠의 주장처럼 역사 연구가 독립운동이 될 수 있을까요? 내 의견을 말해 보세요.

4 다음 사진에서 1936년 베를린 올림픽 마라톤 경기에서 금메달을 딴 손기정 선수를 찾아보 세요. 1위에게 주어지는 월계수로 가슴의 국 기를 가리고 고개를 숙이고 있네요. 왜 그랬을 까요?

> 대한민국 임시정부는 한인애국단을 만들어 이봉창과 윤봉길 의거를 일으켜 우리나라 독립운동에 새로운 활기를 불어넣었습니다.

한인애국단(1931)

일본은 1931년 만주사변을 일으켜 만주를 손에 넣은 후 그 곳에서 독립운동을 하던 우리나라 사람들을 닥치는 대로 죽이고 잡아 갔다. 일본군의 극심한 탄압으로 독립운동이 힘들어지자 임시정부의 김구는 한인애국단이라는 비밀 조직을 만들어 독립운동에 다시 활기를 불어넣고자 하였다. 한인애국단은 일본의 주요 인물을 암살하는 비밀 조직이었다. 이봉창 의사와 윤봉길 의사는 한인애국단 단원이었다.

김구

이봉창 의거(1932년 1월 8일)

한인애국단에서 먼저 이봉창이라는 젊은이가 나섰다.
"제가 일본 천황을 죽이겠습니다. 폭탄을 주십시오."
1932년 1월 8일 이봉창은 일본 도쿄 경시청 앞에서 천황이 탄 마차가 오기를 기다리고 있다가 마차에 폭탄을 던졌다. 하지만 폭탄은 불발이 되어 실패하고 말았다. 순식간에 경찰과 군인이 몰려들어 이봉창을 둘러쌌다. 이봉창은 사형 선고를 받고 1932년 10월 10일 형장의 이슬로 사라졌다.

윤봉길 의거(1932년 4월 29일)

이봉창에 이어 윤봉길이 나섰다. 이봉창 의거 3개월 뒤 1932년 4월 29일 중국 상하이 훙커우 공원(지금은 루쉰 공원)에서 일본 천황의 생일을 축하하는 행사가 열렸다. 윤봉길은 도시락과 물통 모양의 폭탄을 들고 행사장에 들어가 단상을 향해 힘껏 던졌다. 폭탄이 터지자 행사장은 순식간에 아수라장으로 변했고, 일본군 최고 사령관과 주요 인물들이 죽거나 부상당했다. 이 사건은 일본군에게 큰 충격을 주었고, 우리나라의 독립 의지를 널리 알렸다. 또한 당시 일본군과 싸우던 중국인들에게 큰 감동을 주어 중국이 우리 독립 운동을 적극적으로 지원하고 협조하게 만들었다.

| 의거(義옳을의 擧일으킬거) : 옳은 행동 : 정의를 위하여 일으키는 의로운 일
| 의사(義옳을의 士선비사) : 옳은 선비 : 나라와 민족을 위해 항거하다 의롭게 죽은 사람

1 김구가 한인애국단을 만든 이유는 무엇인가요?

2 다음 내용으로 보아 김구의 소원은 무엇인가요?

> "네 소원이 무엇이냐?" 하고 물으면 나는 서슴지 않고 "내 소원은 대한 독립이오." 하고 대답할 것이다. (……)
>
> "그 다음 소원은 무엇이냐?" 하면 나는 또 "우리나라의 독립이오." 할 것이요, 또 "그 다음 소원이 무엇이냐?" 하는 셋째번 물음에도, 나는 더욱 소리를 높여서 "나의 소원은 우리나라 대한의 완전한 자주독립이오." 하고 대답할 것이다.
>
> – 김구의 〈나의 소원〉 중에서 –

3 다음 사진은 이봉창 의사가 일본 국왕 마차에 폭탄을 던지러 가기 전에 찍은 사진입니다. 이봉창 의사는 이때 어떤 생각을 했을까요?

4 윤봉길 의사는 폭탄을 어디에 넣어가지고 갔나요? 왜 그랬을까요?

윤봉길 의사

대한민국 임시정부는 일본군을 몰아내고 독립을 쟁취하기 위하여 광복군이라는 군대를 만들어 국내 진공 작전을 계획했습니다.

한국광복군 창설(1940)

대한민국 임시정부는 초기에는 외교 활동을 통해 독립을 이루고자 했기 때문에 무장 독립군 부대를 기르는 데 관심을 두지 않았다. 그러다가 외교를 통한 독립운동에 한계를 느끼고 무장 독립투쟁의 필요성을 느껴 1940년 9월 중국 충칭에서 일본군과 맞서 싸울 무장 군대인 한국광복군을 창설했다.

훈련중인 광복군

광복군 총사령관은 신흥무관학교에서 교성대장을 지낸 지청천장군이었다. 한국광복군이 창설되었다는 소식을 듣고 ㉠여러 지역에서 활동하던 독립군들이 속속 한국광복군에 합류하면서 광복군의 힘은 더 강해졌다. 한국광복군은 중국 각지에서 중국군과 함께 일본군에 대항해 싸웠다.

국내 진공 작전

일본은 1941년 태평양 전쟁을 일으켜 미국을 상대로 전쟁중이었다. 대한민국 임시정부 주석이었던 김구는 미국과 함께 우리나라 군대가 일본군을 물리치는 데 공헌을 해야 독립을 하더라도 당당한 독립국가로 인정받을 수 있을 거라 생각하고 국내 진공 작전을 세웠다. 광복군이 우리나라 땅으로 들어와 일본군을 몰아내려고 한 것이다. 하지만 광복군이

광복군 사열식

국내로 들어가기 전에 일본이 연합국에 무조건 항복을 하는 바람에 국내 진공 작전은 실행에 옮겨보지도 못한 채 전쟁이 끝나고 말았다.

비록 우리 손으로 일본군을 물리치지는 못했지만, 광복군처럼 나라를 위해 헌신적으로 싸운 수많은 독립운동가들의 희생 덕분에 1945년 8월 15일 우리나라는 광복을 맞이할 수 있었다.

1 대한민국 임시정부는 왜 한국광복군을 창설했나요?

2 여러 독립군 부대들이 ㉠처럼 한국광복군에 합류한 이유는 무엇인가요?

3 대한민국 임시정부가 국내 진공 작전을 세운 이유는 무엇인가요?

4 만약 일본이 조금 더 늦게 항복해서 국내 진공 작전이 실행되었다면 우리나라는 어떻게 되었을까요?

일제강점기 때 조국의 독립을 위해
목숨을 바쳐 싸운 여러 독립 운동가 중 한 명을 선택하여
고마움을 전하는 편지를 써 보세요.

자랑스런
한국인

[제11회 32번 문제]

1. 역사학자의 인터뷰에서 (가)에 들어갈 내용으로 옳지 않은 것은? [3점]

대한 제국 이천만 동포에게 고함
슬프다. 나라와 민족의 치욕이 이 지경에 이르렀으니 우리 인민은 장차 생존 경쟁 속에서 멸망하리라. 삶을 원하는 자 반드시 죽고, 죽기를 기약하는 자 살아갈 수 있으니, 이는 여러분이 잘 알 것이다. 나 영환은 죽음으로써 황제의 은혜를 갚고 2천만 동포에게 사과하노라. 영환은 죽어도 황천에서 동포들을 돕고자 하니 ……
– 민영환 –

이 유서와 관련된 조약은 무효입니다. 왜냐하면 (가)

① 조약의 정식 명칭이 없기 때문입니다.
② 조약문에 옥새가 찍혀 있기 때문입니다.
③ 무력을 동반한 강요에 의해 맺어졌기 때문입니다.
④ 국제 조약의 정식 절차를 거치지 않았기 때문입니다.

[제9회 27번 문제]

2. (가)에 들어갈 학생의 대답으로 옳지 않은 것은? [3점]

선생님 : 일제는 민족 말살 통치 시기에 사진과 같이 신사 참배를 강요하였습니다. 이 외에도 여러 가지 방법으로 식민 통치가 이루어졌는데 어떤 일들이 있었을까요?

학 생 : (가)

①  학교에서 우리말을 사용하지 못하도록 하였습니다.
② 이름을 일본식으로 고치도록 강요했습니다.
③  헌병 경찰을 앞세워 무단 통치를 실시하였습니다.
④ 학생이나 젊은이들을 전쟁터로 끌고 갔습니다.

[제12회 27번 문제]

3. 인물 스티커를 붙이는 게임이다. 다음 스티커를 붙일 곳으로 옳은 것은?

국어 문법	조선 상고사	조선어 학회
주시경	(가)	(나)
대성 학교	원불교	서시
(다)	(라)	윤동주

① (가) ② (나) ③ (다) ④ (라)

[제10회 28번 문제]

4. 다음에 해당하는 민족 운동으로 옳은 것은? [2점]

- "내 살림 내 것으로"
- "조선 사람 조선 것"
- "우리가 만든 것, 우리가 쓰자."

① 국채 보상 운동 ② 문맹 퇴치 운동
③ 물산 장려 운동 ④ 민립 대학 설립 운동

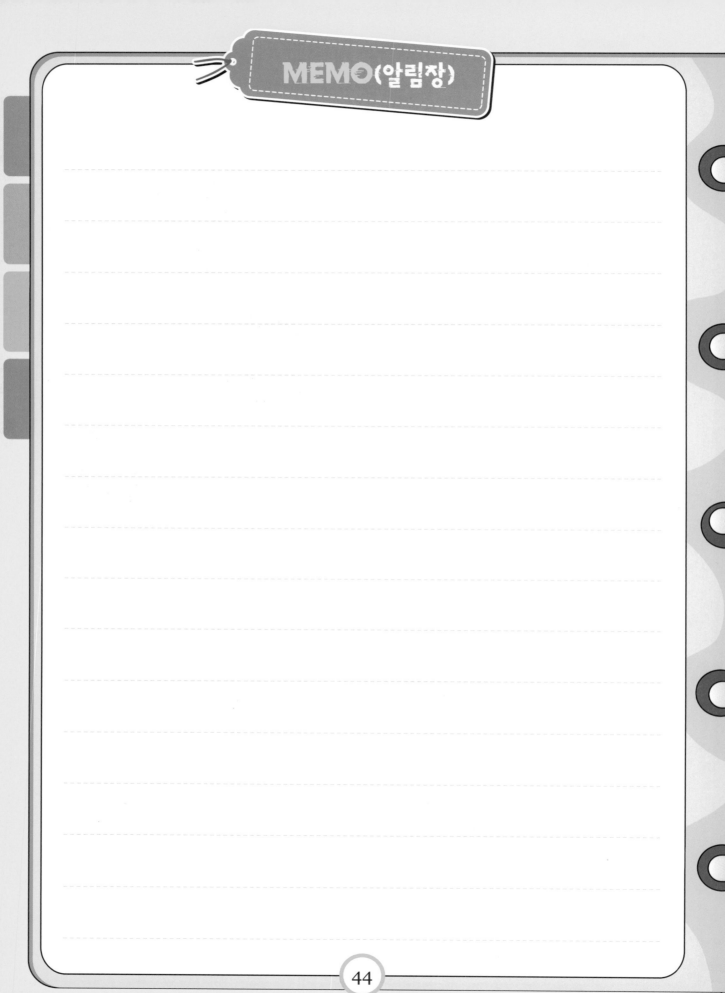

MEMO(알림장)

이 곳에 가고 싶어요

이번 달에 배운 유적지 중 가장 가보고 싶은 곳 하나를 골라
답사 계획서를 작성해 보세요.

유적지	
유적지 주소	
답사 예정 날짜	함께할 사람
가보고 싶은 이유	
더 조사하고 싶은 내용	

답사 여행을 다녀와서

재미있게 답사를 잘 다녀왔지요? 보고서로 정리하면
더욱더 잊혀지지 않는 추억이 된답니다.

이름		날짜	년	월	일
유적지 이름					
같이 간 사람					
내가 본 유물과 유적					
느낀 점					
더 알고 싶은 점					

1차시 1905년 을사조약　　03쪽~

01. 을사조약 체결(1905년)

1. ⑤
2. ㉠청일전쟁/ ㉡러일전쟁
3. 일본의 강압에 못 이겨 강제로 맺은 조약이어서
4. ④
5. 이토 히로부미

02. 을사조약 반대 운동

1. 을사조약 반대 운동 / '시일야방성대곡'을 쓴 장지연, 을사조약에 반대하여 자결한 민영환, 을사조약의 무효를 주장한 헤이그 특사
2. 고종 황제가 을사조약의 무효를 주장하며 헤이그 특사를 파견하였기 때문이다.
3. 일본이 우리나라를 식민지로 만드는 데 대한제국의 군대가 방해가 되었다.

03. 항일 의병 운동

1. 일본의 침략에 저항하여 백성들이 자발적으로 일으킨 군대이다. / 명성황후 시해와 단발령이 원인이 되어 일어난 을미의병이다.
2. 해산된 군인들이 참여한 것을 알 수 있다.
3. 을미의병-단발령, 명성황후 시해 / 을사의병-을사조약 / 정미의병-고종 황제의 강제 퇴위와 군대 해산
4. 일제의 탄압으로 국내에서 활동하기가 어려워졌다.
5. 이토 히로부미 / 나라와 민족을 위해 의로운 행동으로 목숨을 바친 사람

04. 애국 계몽 운동

1. 민족의 힘과 실력을 키워 우리나라의 독립을 지키자는 운동이다.
2. 대한매일신보의 사장이 외국인(영국인 베델)이었기 때문에 일제가 간섭할 수 없었다.
3. 일제의 탄압을 피하기 위해 비밀조직으로 구성되었다.
4. 담배를 피우지 말고 그 돈을 모아 국채를 갚자고 했다.
5. 양기탁-영국인 베델과 대한매일신보를 만들었고, 신민회 활동에 참여하였다. / 안창호-신민회를 결성하고 대성학교를 만들었다. / 이승훈-정주에 오산학교를 만들었다. / 김광제, 서상돈-국채 보상 운동

2차시 1919년 3·1운동　　13쪽~

01. 한일 합병 조약(1910)

1. 을사조약 → 헤이그 특사 파견 → 고종 강제 퇴위 → 군대 해산 → 한일 합병 조약
2. '일본 제국주의'의 줄임말로 자국의 이익을 위해 많은 나라를 침략한 일본을 말한다.
3. 외교권 → 군사권 → 경찰권, 사법권 → 주권
4. 이완용
5. 일본이 우리나라의 주권을 빼앗아 식민지로 만든 조약이다.

02. 토지조사사업(1910)

1. 조선 총독부
2. 일제는 헌병을 각지에 배치하고 우리 민족을 위협하고 감시하는 무단 통치를 하였다.
3. 우리나라의 토지를 빼앗기 위해 실시하였다.
4. 토지를 빼앗긴 농민들은 일본인의 땅을 빌려 농사를 짓는 소작인이 되고 비싼 토지 사용료를 내야 했다. 그리고 토지를 잃은 많은 농민들이 만주와 연해주 등 외국으로 떠났다.
5. 우리나라 사람이 회사를 세우는 것을 막고 많은 일본 기업들이 우리나라로 진출할 수 있게 하기 위해서 회사령을 실시하였다.

03. 대한독립 만세, 3·1 운동

1. 3월 1일에 일어나서 3·1운동이라 부른다./3월 3일이 고종의 장례식 날이라 많은 사람들이 모여들 거라 생각하고 3월 1일로 잡았다.
2. 미국 대통령 윌슨의 민족 자결주의 / 일본에서 공부하던 유학생 중심으로 일어난 2·8독립선언
3. 3월 1일 태화관에 모인 민족 대표 33인이 독립선언서를 낭독 / 탑골공원에서 학생과 시민들이 독립선언서를 읽고 독립 만세를 외쳤다.
4. 독립선언서 내용을 읽어봅니다.
5. 일본은 평화적인 만세 운동을 총칼로 진압하여 수많은 사상자를 내었다.

04. 유관순 열사(1902 ~ 1920)

1. 기독교를 믿은 아버지를 따라 교회에 다녔을 것 같고, 계몽운동가였던 아버지의 영향을 받아 독립운동에 대한 의지가 생겼을 것 같다.
2. 고향에 내려가 독립만세운동을 벌이기 위해서
3. 감옥에서 극심한 고문을 당하여 죽었다.

예시답안

3차시 3. 1930년대 독립운동　　23쪽~

01. 대한민국 임시정부 수립

1. 독립운동을 좀더 조직적이고 효과적으로 추진하기 위해서
2. 대한민국, 대한제국
3. 일본의 탄압이 심해서
4. ②대한매일신보→독립신문, ⑤김구→김규식

02. 봉오동전투와 청산리 전투

1. 독립운동가 – 일제의 탄압이 심해서, 농민 – 먹고 살기가 힘들어서
2. 만주, 간도, 연해주 지역을 지도에 표시해 본다.
3. 6월 7일, 홍범도, 봉오동 전투, 산봉우리에 숨어 있다가 일본군을 아래 계곡으로 유인하여 위에서 총탄을 퍼붓는 작전 / 10월 21일, 김좌진, 청산리 전투, 백운평 고지에 숨어 있다가 일본군을 계곡으로 유인하여 기습하는 작전
4. 봉오동과 청산리 전투에서 패배한 일본군이 화가 나서 간도에 살고 있던 조선인을 학살한 사건

03. 일제강점기 우리 민족의 생활

1. 일본이 급격한 인구 증가로 쌀이 모자라자, 일본으로 쌀을 가져가기 위해서
2. 일본으로 쌀을 너무 많이 가져가서 한국인 1인당 쌀 소비량은 줄어들었다.
3. 일본인들은 도시에 살면서 백화점 등을 이용하고, 우리나라 사람들은 변두리로 쫓겨나 가마니로 만든 토막에서 살았다.

04. 국내 민족 실력 양성 운동

1. ①조선물산장려운동, ②농촌계몽운동, ③조선물산장려운동, ④농촌계몽운동
2. 국내의 여러 독립운동 단체들이 모여 만들었다. 강연회 개최, 광주학생운동 지원
3. 고종 황제 장례일 – 3·1운동, 순종 황제 장례일 – 6·10만세운동
4. 광주 학생 운동이 일어난 날을 기념해서

4차시 1930~40년대 독립운동　　33쪽~

01. 일제의 민족 말살 정책

1. ④
2. 우리 민족을 없애고 일본인으로 만들기 위해서
3. ①공출 ②징용 ③징병, 학도병 ④근로정신대

02. 국내의 민족 문화 수호 운동

1. 한글은 우리말, 일본어는 일본말 / 한글을 사용하여 우리 민족을 지킵시다 등 자유롭게 표현해 본다.
2. 한국통사 – 고대부터 근대사까지 우리나라 역사, 한국독립운동지혈사 – 독립운동에 몸바친 사람들의 피의 역사, 조선상고사 – 고조선, 고구려, 백제의 역사
3. 독립운동이 될 수 있다(우리 민족을 일본 민족보다 뒤떨어진 민족으로 만들려는 일본의 역사 왜곡에 맞서 우리 민족의 자긍심을 높여주는 역사연구는 독립운동이 될 수 있다고 생각한다.)
4. 가슴에 일장기를 달고 있는 자신의 모습이 부끄러워서

03. 이봉창과 윤봉길 의거

1. 침체된 독립운동에 활기를 불어넣기 위해서
2. 우리나라의 독립
3. 자유롭게 상상해서 써 본다.
4. 도시락과 물통, 폭탄을 숨기기 위해서

04. 한국광복군의 독립전쟁

1. 독립을 이루기 위해서는 무장부대가 필요하다고 생각해서
2. 일본으로부터 독립하기 위해서는 강한 군대가 필요하다고 생각해서
3. 우리나라 군대가 일본군을 물리치는 데 공헌을 해야 독립을 하더라도 당당한 독립국가로 인정받을 수 있기 때문에
4. 한국광복군의 국내 진공 작전이 성공했다면, 광복 후 우리나라의 발언권이 더 강했을 것이다. 등

기출문제풀어보기　1. ② 2. ③ 3. ① 4. ③　43쪽